Disparitions sur scène

Jean-Pierre DURU

Éditions ART ET COMÉDIE
3, rue de Marivaux
75002 PARIS

Tous droits de reproduction, d'adaptation
et de traduction réservés pour tous pays
ISBN : 978-2-84422-997-7
© Éditions théâtrales **ART ET COMÉDIE** 2015

PERSONNAGES
par ordre d'entrée en scène

7 garçons et 7 filles (la distribution relève des choix du metteur en scène et des enfants constituant sa classe ou son atelier théâtre).

Paul X (G)
ce rôle peut être tenu par plusieurs enfants (garçons ou filles) en fonction des scènes

Le pompier (G)

Docteur Diafoireuse (F)

Docteur Knockine (F)

La comédienne (F)

L'auteur (G)

La metteuse en scène (F)

Le régisseur (G)

La reine (F)

La suivante (F)

Victor (G)

Guillaume (G)

Lucie (F)

Le Généralissime (G)

Les 2 personnages de la scène 11 peuvent être joués par des comédiens de la distribution.

SCÈNE 1

PAUL X, *seul en scène*

Paul X joue du saxophone. Il arrête de jouer, le morceau de musique se poursuit. Il se dirige vers un magnétophone qu'il arrête et il reprend. On s'aperçoit alors qu'il joue faux.
PAUL X, *tendant l'oreille et répondant à un spectateur fictif.* – Pardon ? Je joue faux ? J'en conviens. Je fais pourtant des efforts pour jouer du saxo aussi bien que mon modèle de détective : Nestor Burma. *(Pour lui-même et au public.)* C'est drôle, je m'adresse à ces gens-là... *(Montrant le public.)*... comme on le ferait au... au théâtre. *(Il tend l'oreille et répond à un spectateur fictif.)* Comment ? C'est normal ? *(Au public.)* Et pourquoi ? *(Il tend l'oreille et répond à un spectateur fictif.)* Parce que je suis un personnage de théâtre ? *(Il rit.)* Je voudrais bien voir ça ! Excusez-moi, je ne me suis pas présenté : Paul X, détective privé. Pourquoi Paul X ? C'est pour que les clients soient assurés de ma discrétion sur toutes les affaires traitées : enquêtes, filatures, observations... *(Un temps. Il bâille.)* Mais en ce moment, je n'ai pas d'affaire en vue. Pas la moindre demande de recherche de voleur ou d'assassin. C'est pourquoi je m'entraîne au saxo. Mais je me demande comment je vais pouvoir finir le mois et payer la location de mon agence de détective... *(Il bâille de nouveau.)* Bon, comme je n'ai pas de réel talent de musicien, je vais me jouer une petite berceuse bien méritée avec ronflements

en « mi » majeur tout en espérant qu'un client m'appellera. Un peu de repos me fera du bien… *(Il s'endort et commence à ronfler. Changement d'éclairage. La lumière est diffuse, comme dans un rêve. Sonnerie de téléphone. Il se réveille en sursaut.)* Qu'est-ce que c'est ? Le téléphone ! *(Il sort plusieurs portables.)* Allô ! Allô ! Allô ! Allô ! *(Il trouve enfin le bon téléphone.)* Oui, madame, c'est moi, Paul X, détective privé. À qui ai-je l'honneur ?… Vous êtes directrice de théâtre et… *(Étonné.)*… des personnages ont disparu pendant une répétition ? Que voulez-vous que j'y fasse, madame ? En général, je recherche des personnes, pas des personnages. *(Il écoute.)* C'est bien embêtant, mais… Comment voulez-vous que… Vous me donneriez… Combien ?… C'est une belle somme. C'est à réfléchir… *(Un temps très court.)* C'est tout réfléchi : j'arrive. Donnez-moi l'adresse de votre théâtre. *(Il note sur un carnet.)* Théâtre du Rêve Éveillé, rue des Illusions-Comiques. Très bien. À tout de suite. *(Au public.)* C'est bien la première fois que je vais enquêter dans un théâtre et pour y retrouver des personnages. On dit toujours que les comédiens recherchent le leur ; cette fois-ci, ils ont besoin d'un détective pour les retrouver… Quelle drôle d'histoire, tout de même !

Il sort.
Noir rapide. Musique de jazz au saxophone.

SCÈNE 2

PAUL X et LE POMPIER

Panneau : « Entrée des artistes ».
Entrée en scène de Paul X.

PAUL X. – Je suis arrivé par là… *(Il regarde le panneau et lit.)* « Entrée des artistes. » *(Il se serre la main fièrement.)* Salut, l'artiste !

Et, normalement, là où je me trouve, ce doit être la scène. *(Il frappe du pied sur la scène, puis frappe les trois coups.)* Ça m'a l'air solide. *(Il regarde à droite et à gauche puis appelle.)* Il y a quelqu'un ?... Il y a quelqu'un ?... Je ne vois personne.

Entrée du pompier.

LE POMPIER. – Eh, vous, que faites-vous ici ? Vous venez passer une audition ? Vous venez pour brûler les planches ? *(Il ricane.)*

PAUL X. – Non, non, pas du tout. Je ne suis pas un incendiaire, monsieur le pompier, je ne veux rien brûler !

LE POMPIER. – Je plaisantais. Brûler les planches, ça signifie, pour un comédien... *(S'enthousiasmant au fur et à mesure.)*... jouer un rôle avec fougue, avec enthousiasme, avec ferveur !

PAUL X. – Ah ! très bien !

LE POMPIER. – Je ne vous ai pas vu arriver. Par où êtes-vous entré en scène ?

PAUL X, *montrant le côté cour et le côté jardin.* – Par là ou... par ici, je ne sais plus bien. De la gauche ou de la droite...

LE POMPIER. – Vous venez de la cour ou du jardin ?

PAUL X. – De la cour ou du jardin ? Ni l'un ni l'autre, monsieur le pompier : je viens de dehors.

LE POMPIER. – Vous devez forcément venir de la cour ou du jardin, puisque vous êtes sur une scène de théâtre. Il n'y a pas d'autre possibilité. À droite c'est la cour et à gauche le jardin.

PAUL X, *montrant sa gauche et sa droite.* – À droite la cour, à gauche le jardin.

LE POMPIER. – Mais non, c'est le contraire ! Tournez-vous. À droite la cour, à gauche le jardin.

Paul X. – Je vous assure que je n'ai vu ni cour, ni jardin.

Le pompier. – Un comédien qui vient passer une audition et qui ne sait même pas qu'au théâtre il y a une cour et un jardin, à mon avis ça commence mal !

Paul X. – Je ne suis pas comédien.

Le pompier. – Alors, qui êtes-vous ?

Paul X. – Je m'appelle Paul X et je suis un privé…

Le pompier, *l'interrompant.* – Un privé d'identité ?! Vous êtes un sans-papiers ?

Paul X. – Non, non, je suis un détective privé. Pour plus de discrétion, je me nomme Paul X.

Sonnerie du portable du pompier qui décroche.

Voix off de femme. – Allô ! Avec qui dialoguez-vous ?

Le pompier. – Avec un privé anonyme, madame la directrice. Il dit qu'il est détective.

Voix off de femme. – C'est moi qui lui ai demandé de venir. Laissez-le entrer en scène. Il vient pour enquêter sur la disparition de… qui vous savez.

Le pompier. – Très bien. *(Il raccroche. À Paul X.)* Excusez-moi, je ne savais pas que vous veniez pour l'enquête.

Paul X. – Pourriez-vous me renseigner, monsieur le pompier, sur les disparus ?

Le pompier. – Je ne sais pas grand-chose. D'après ce que j'ai entendu dire, il s'agirait d'un rôle masculin et d'un rôle féminin.

Paul X. – Pourriez-vous me donner leur signalement ?

Le pompier. – Vous savez, un personnage, ça dépend beaucoup du comédien qui l'interprète, et ils étaient en pleine répétition quand ils ont disparu. *(Sur le ton de la confidence.)* À mon avis, les comédiens ne devaient pas bien maîtriser leurs rôles pour les laisser ainsi s'échapper. *(Deux médecins s'apprêtent à entrer. Le pompier les désigne à Paul X.)* Tenez, voilà ces dames de la médecine qui pourront vous aider, car elles connaissent bien la composition d'un rôle… et sa décomposition.

Paul X. – Ce sont des médecins légistes ?

Le pompier. – En quelque sorte.

Il sort.

SCÈNE 3

Diafoireuse, Knockine et Paul X

Entrée des médecins Diafoireuse et Knockine poussant un brancard qu'elles stabilisent sur scène. Puis elles s'affairent autour d'un corps recouvert d'un drap.

Diafoireuse, *à Knockine.* – Scalpel ! Bistouri ! Pince ! Tenaille ! Ouvre-boîte… crânienne ! Tire-bouchon ! Décapsuleur !

Knockine. – Je vais lui jeter un œil et lui prêter une oreille.

Diafoireuse. – Moi, je vais lui ajouter un bon gros morceau de matière grise avant de le laisser mariner dans son bouillon de culture quelque temps. Qu'en pensez-vous ?

KNOCKINE. – Tout à fait, chère collègue, tout à fait. J'attendrai qu'il ait fini de mariner pour pouvoir lui mettre les mots en bouche. *(Apercevant Paul X.)* Oh ! mais regardez, chère collègue, voici un nouveau cobaye qui s'avance vers nous !

DIAFOIREUSE. – Quelle belle journée pour la science théâtrale, chère collègue, quelle belle journée !

PAUL X. – Bonjour, mesdames. Je pense que vous allez sans doute pouvoir m'aider. Je suis venu pour…

DIAFOIREUSE et KNOCKINE, *l'interrompant.* – Nous savons.

PAUL X. – Vous savez ?

DIAFOIREUSE. – Bien sûr que nous savons, puisque nous sommes « le savoir » ! *(Se présentant.)* Docteur Diafoireuse, fille du docteur Diafoirus, pour vous servir.

KNOCKINE, *se présentant.* – Docteur Knockine, fille du docteur Knock, pour vous guérir.

PAUL X. – Je ne suis pas malade.

DIAFOIREUSE. – Vous en êtes sûr ?

PAUL X. – Évidemment.

DIAFOIREUSE. – Évidemment… personne n'est jamais malade. *(Elle demande brutalement à Paul X.)* Faites : « Ah ! »

PAUL X. – Pourquoi ?

KNOCKINE. – Ne discutez pas ! Faites : « Ah ! »

PAUL X, *s'exécutant.* – Ah !

KNOCKINE. – Ah ! comme ce « Ah ! » là sent l'aïoli !

DIAFOIREUSE, *à Paul X*. – Arrêtez de respirer !

PAUL X. – Mais... je vais mourir !

DIAFOIREUSE. – Mourir ? Vous plaisantez ! Vous savez bien qu'on ne meurt pas au théâtre, on fait semblant.

KNOCKINE, *sur un ton méprisant*. – À part ce bouffon de Molière, ce malappris, qui a eu l'indélicatesse de mourir sur scène en jouant un malade... imaginaire, qui plus est !

DIAFOIREUSE. – Quel manque de savoir-vivre ! *(À Paul X.)* Arrêtez de respirer ! *(Paul X s'exécute.)* Respirez ! Parlez !

PAUL X. – Qu'est-ce que je dois dire ?

DIAFOIREUSE. – Le texte de votre rôle, bien évidemment.

PAUL X. – Quel texte ? Quel rôle ?

DIAFOIREUSE. – Vous n'avez pas encore été distribué ?

PAUL X. – Distribué ?... Non.

DIAFOIREUSE. – Avez-vous remarqué, chère consœur, qu'il respirait à contretemps ?

KNOCKINE. – En effet.

PAUL X. – Je respire à contretemps ? C'est grave, docteur ?

KNOCKINE. – Ça peut l'être, ça peut l'être. Il faut que vous fassiez attention. Sur une scène, vous devez respirer votre texte en respectant sa ponctuation pour mieux le déguster, pour mieux vous le mettre en bouche, comme on dit.

DIAFOIREUSE. – Il faut que vous preniez l'air du temps.

KNOCKINE. – Que vous ayez l'air de prendre l'air.

Diafoireuse. – Il faut que vous fassiez croire au spectateur que vous sentez le parfum du printemps... alors que ça pue la poussière autour de vous.

Knockine. – Il faut lui faire croire que vous respirez l'air du large alors que vous êtes coincé entre les murs du théâtre. Sachez que pour jouer un rôle, il faut bon pied et... bon œil ! On va voir ça. Vous allez passer un test visuel.

Diafoireuse. – Essayez avec ça. *(Elle lui donne une paire de lunettes noires.)* Qu'est-ce que vous voyez ?

Paul X. – Rien.

Knockine. – C'est bien. *(À Diafoireuse.)* Il va falloir lui mettre les yeux en face des trous. Et votre imagination, que voit-elle ?

Paul X. – Rien non plus.

Knockine. – Ça c'est mauvais ! C'est très mauvais ! Vous commencez mal, jeune homme. Pour composer un personnage, il faut aussi de l'i-ma-gi-na-tion.

Diafoireuse. – J'en conviens, j'en conviens. Et... de l'a-ffec-tif.

Knockine. – Tout à fait, tout à fait... Voyons si notre ami a un corps réactif aux émotions durables. Ne bougez pas ! *(Elle le touche avec un ustensile pointu.)* Que ressentez-vous ? Ça vous chatouille ou ça vous gratouille ?

Paul X. – Ça pique !

Knockine. – D'après le test de sentimentalité, il semble que ses ressources humaines sont en bon état de fonctionnement, ça sera utile pour le futur rôle qu'il va interpréter.

Paul X, *s'écriant*. – Je ne suis pas comédien !

DIAFOIREUSE. – Pas encore, pas encore, puisque vous venez pour une audition.

PAUL X. – Pas du tout. J'enquête sur la disparition de deux personnages dans votre théâtre.

DIAFOIREUSE. – Ah ! il fallait le dire plus tôt !

PAUL X. – Vous ne m'avez même pas donné cette chance... Auriez-vous une idée sur ce qu'ils sont devenus ?

DIAFOIREUSE et KNOCKINE. – Pas le moins du monde.

DIAFOIREUSE. – Vous savez, ma collègue et moi, nous ne faisons que donner des recommandations sur l'anatomie d'un personnage et ensuite c'est l'auteur qui le prend en charge.

KNOCKINE. – Puis le metteur en scène lui donne un cadre pour s'exprimer.

DIAFOIREUSE. – Enfin, le comédien lui fait du bouche-à-bouche pour le faire respirer.

KNOCKINE. – Et du bouche-à-oreille pour qu'il puisse se faire entendre par le public. Excusez-nous, mais nous devons nous rendre au chevet d'un souffleur qui s'est étranglé en avalant son texte.

DIAFOIREUSE. – Il nous a fait un souffle au cœur.

Les deux médecins sortent.

PAUL X. – Ces médecins-là m'ont l'air bien pressé de partir. Elles auraient fort bien pu éliminer les personnages ne convenant pas, selon elles, aux règles de leur médecine théâtrale au moment de la visite médicale. *(Il sort un carnet et écrit.)* Je note : deux suspectes.

SCÈNE 4

Paul X et la comédienne

Entrée de la comédienne.

Paul X. – Bonjour, madame…

La comédienne, *vexée.* – Mademoiselle !

Paul X. – Pardon… mademoiselle. Je me présente : Paul X…

La comédienne, *l'interrompant.* – Paul X ? Vous n'avez pas encore été distribué ?

Paul X, *pour lui.* – Décidément… *(À la comédienne.)* Non, je n'ai pas été à la distribution.

La comédienne. – Donc vous n'avez pas encore de rôle dans la pièce ?

Paul X. – Si, j'en ai un… mademoiselle. Je suis détective privé et j'enquête sur la disparition de deux personnages. En avez-vous entendu parler ?

La comédienne, *avec fierté.* – Bien sûr ! Je suis comédienne, monsieur, et j'étais auprès d'eux avant qu'ils se volatilisent.

Paul X. – Pouvez-vous m'en dire plus ?

La comédienne. – La répétition a débuté et, au bout d'une heure, à la pause… ils n'étaient plus là.

Paul X. – Où sont-ils passés, d'après vous ?

La comédienne. – Je n'en sais rien.

PAUL X. – À quoi ressemblaient-ils ?

LA COMÉDIENNE. – Il y avait un jeune premier… vous voyez le genre… « beau mec au look romantique »… et une soubrette… un peu vulgaire, si vous voulez mon avis. Ils auraient voulu que je tienne ce rôle. Mais pas question ! Moi, mon emploi, c'est les grandes coquettes.

PAUL X. – Excusez-moi, mais qui est-ce, « ils » ?

LA COMÉDIENNE. – La metteuse en scène et l'auteur. De plus, je trouve que ce n'était pas un bon personnage.

PAUL X. – Qu'est-ce qu'un bon personnage ?

LA COMÉDIENNE, *s'excitant progressivement*. – C'est quand vous le sentez vous posséder au fur et à mesure, qu'il vous rentre dans la peau, qu'il vous prend vos mots, qu'il joue avec vos sentiments, qu'il devient vous ou que vous devenez lui. *(Elle se calme.)* Tenez, je joue Marie dans la pièce que nous répétons. C'est d'après moi une femme qui fait preuve à la fois de fougue et d'assurance. Comment jouer ce rôle quand elle entre en scène à l'acte III et dit… *(Elle dit son texte avec aplomb.)*… « Non, mon père, je ne peux pas supporter votre décision » ou faut-il qu'elle dise… *(Elle dit son texte avec autorité, mais avec émotion.)*… « Non, mon père, je ne peux pas supporter votre décision » ? Comprenez-vous comme il est difficile de camper un personnage ? *(Paul X fait une moue dubitative.)* Mais non ! Suis-je bête ! Il ne s'agit pas de comprendre, mais de ressentir les émotions au plus profond de soi.

PAUL X. – Je comprends… euh, non, je ressens.

LA COMÉDIENNE. – Vous ne pouvez rien ressentir puisque vous ne jouez pas un rôle.

PAUL X, *rassuré*. – En effet, moi, je ne joue pas un rôle.

LA COMÉDIENNE, *sur un ton de confidence.* – Mais, au départ, c'est l'auteur qui a droit de vie ou de mort sur les personnages, puisque c'est lui qui les conçoit à partir de son imagination.

PAUL X. – Ah! ah! Vous pensez que l'auteur aurait pu donc les faire... disparaître?

LA COMÉDIENNE, *se récriant.* – Non, non, je n'ai pas dit ça!

SCÈNE 5
PAUL X, LA COMÉDIENNE, L'AUTEUR

Entrée de l'auteur.

L'AUTEUR, *déclamant.* – « Le ciel s'enferme dans la nuit après avoir tiré la fermeture Éclair de l'orage. Écoutez dans la nuit les froissements d'ailes des étoiles. Et là-bas au lointain les collines toutes refroidies se recouvrent de manteaux de nuages et de leurs écharpes de brume. » C'est bon ça, il faut que je le note quelque part. *(Il sort un carnet et note.)*

PAUL X, *à la comédienne.* – C'est un présentateur de météo?

LA COMÉDIENNE. – Mais non, voyons, c'est un poète! Un poète, ça fait la nuit et le beau temps. Excusez-moi, ça va être bientôt mon entrée. *(Montrant l'auteur.)* Je vous laisse avec l'auteur. *(Elle récite en sortant.)* « Non, mon père, je ne peux pas supporter votre décision... » *(Elle sort.)*

L'AUTEUR, *s'adressant à Paul X.* – Savez-vous bien, cher jeune comédien, qu'au théâtre le rideau de scène cache une autre vie?

Paul X. – Une autre vie ? Quelle autre vie ? On n'a qu'une vie.

L'auteur. – Pas du tout. Sur scène on vit une vie rêvée. Est-ce que vous rêvez ?

Paul X. – Eh bien, à vrai dire, je me demande parfois si je ne suis pas en train de rêver mes propres aventures.

L'auteur. – Ah ! ah ! Vous vous demandez quelle est la réalité « vraie ». *(Montrant la scène.)* La vie est ici et maintenant, présente et représentée. La scène est l'endroit où la poésie se fait paysage et où l'on écoute une histoire racontée pleine de rêves, de bruits, de sentiments et de fureur.

Paul X. – Si vous voulez. C'est bien joli votre poésie, monsieur l'auteur, mais moi je suis dans la « vraie » réalité et…

L'auteur, *l'interrompant.* – Pardon… vous jouez le texte de quel auteur ?

Paul X. – Je n'ai pas besoin d'auteur. Je parle normalement, avec mes propres mots. Mon texte est écrit par Paul X.

L'auteur. – Paul X ? Ah ! un auteur anonyme ! C'est bien ce que je pensais. Je trouvais votre texte plutôt… quelconque et votre personnage ne me semblait guère intéressant.

Paul X. – Pas intéressant, mon personnage ? Non, mais dites donc ! *(S'énervant.)* De toute façon, je ne suis pas… *(Sur un ton méprisant.)*… un personnage, je suis bien réel, je suis détective privé et j'enquête dans ce théâtre. Vous allez répondre maintenant à mes questions sans me raconter d'histoires à dormir debout. Que faisiez-vous au moment de la pause pendant la répétition ?

L'auteur. – Mais… je ne sais plus ! Je devais sans doute retoucher le texte d'un comédien à la demande de la metteuse en scène…

Vous savez, il y a parfois des personnages que l'on a couchés sur le papier avant de s'apercevoir qu'ils ne tiennent pas debout sur scène.

Paul X. – Ouais, ouais… Je crois que vous avez supprimé le texte des deux disparus pour les éliminer délibérément.

L'auteur. – Pas du tout. J'ai un alibi.

Paul X. – Et qui ?

L'auteur. – La metteuse en scène. *(La metteuse en scène s'apprête à entrer.)* Tenez, la voici.

SCÈNE 6

Paul X, la metteuse en scène, l'auteur

Entrée de la metteuse en scène.

La metteuse en scène, *à l'auteur.* – La scène trois est trop longue, ça manque de rythme. Il faut que tu la reprennes. Elle a un tempo de valse, alors que j'ai besoin de salsa.

L'auteur. – D'accord, je vais voir ça. Je te présente Monsieur X.

Paul X, *se présentant.* – Paul X, détective privé. Je suis chargé de retrouver les deux personnages qui ont disparu.

L'auteur. – Je commençais à dire à Monsieur que nous n'avions rien vu et que nous étions en train de travailler ensemble.

La metteuse en scène. – Oui, tout à fait. Que voulez-vous savoir ?

Paul X. – J'ai l'impression que cette disparition ne vous affecte guère.

La metteuse en scène. – Oh! vous savez, j'ai tellement côtoyé de personnages difficiles dans ma carrière! *(Sur un ton catégorique.)* Entre nous, si la mise en scène ne leur convient pas, ils n'ont qu'à aller se faire jouer ailleurs.

Paul X. – Vous pensez qu'ils ont quitté le théâtre?

La metteuse en scène. – Certainement.

Paul X. – Mais ils n'étaient pas encore… incarnés!

La metteuse en scène. – Quand ils sont encore des esprits sans consistance, ils s'envolent plus vite. Moi, mon travail, c'est de traduire en chair et en os les rêves éveillés de l'auteur et de donner corps à de purs esprits imaginaires, mais s'ils ne veulent pas jouer le jeu avec moi, eh bien, tant pis, adieu. Excusez-moi, mais je dois revoir justement l'entrée d'un personnage. *(À l'auteur.)* Tu sais, c'est Marie à l'acte III. D'après moi, elle doit entrer précipitamment sous l'effet de son émotion. *(Jouant.)* « Non, mon père, je ne peux pas supporter votre décision… »

L'auteur. – Pas du tout! Marie, telle que je l'ai écrite, est une femme forte qui va s'opposer à son père malgré son émotion. Elle doit entrer lentement et faire preuve d'autorité. *(Jouant.)* « Non, mon père, je ne peux supporter votre décision… »

La metteuse en scène. – Mais si elle entre lentement, il n'y a plus l'émotion que je souhaite faire passer!

L'auteur. – Ce n'est pas TON émotion qui nous intéresse, c'est celle de Marie, MON personnage.

LA METTEUSE EN SCÈNE, *à Paul X*. – Vous voyez comme il est difficile de trouver le bon rythme d'une scène ? Allez voir le régisseur, il s'est peut-être aperçu de quelque chose dans les coulisses.

PAUL X. – Où est-ce que je peux le trouver ?

LA METTEUSE EN SCÈNE, *faisant un geste vague*. – Par là. Il règle un éclairage.

Ils sortent.

PAUL X. – Bon, je ne suis pas plus avancé. Cependant, ces deux-là me paraissent bien capables de faire disparaître des rôles qui les gênent. Je les mets sur ma liste de suspects !

Noir rapide.

SCÈNE 7

LE RÉGISSEUR et PAUL X

Éclairage d'un projecteur de poursuite. Le régisseur s'adresse aux coulisses.

LE RÉGISSEUR. – Tu me places le projecteur un peu plus côté cour… Voilà, stop, c'est bon. Note la position.

Entrée de Paul X.

PAUL X. – Bonjour, monsieur. Excusez-moi, sauriez-vous où se trouve le régisseur ?

LE RÉGISSEUR. – C'est moi. Que voulez-vous ?

Paul X. – Je voudrais d'abord savoir ce que vous faites.

Le régisseur. – Ce que je fais ? Rien de très particulier. Je dois régler l'éclairage et m'occuper du jeu d'orgues pour mettre la lumière en musique et illuminer le texte. Je dois faire démarrer la musique du troisième acte, diriger le spot lumineux vers le deuxième plan face jardin, mettre en place les chaises et la table ronde aux repères lointain jardin, récupérer le chandelier au troisième plan cour, et enfin mettre en place l'arbre en contreplaqué. Voilà, c'est tout.

Paul X. – Quel charabia !

Le régisseur. – C'est la langue de la scène, cher monsieur. Ah ! la scène ! Ici se vivent des aventures extraordinaires sans avoir à se déplacer dans l'espace, ni dans le temps. Trouvez-moi un autre véhicule qui vous permette ça, à part dans les films de science-fiction ? Mais pour que ces voyages de rêve se réalisent, il faut que tout soit prévu à l'avance. Et en coulisses, c'est moi, avec mon équipe de machinistes, qui pilote les virées. Voulez-vous changer de saison ? Rien de plus facile. *(Il crie.)* Orage ! *(Bruit de tôle en coulisses.)* Entendez-vous le tonnerre qui gronde ? Je crois que nous allons avoir un bel orage.

Paul X. – Vous croyez ? Heureusement que j'ai mon imperméable.

Le régisseur. – Ce n'est pas pour de vrai. *(S'adressant aux coulisses.)* Pas si fort le tonnerre ! *(Bruit de tôle qui tombe.)* Ah ! l'orage est tombé ! *(À Paul X.)* Je crois qu'il va y avoir un bel arc-en-ciel.

Paul X. – Comment est-ce possible, puisqu'il fait nuit sur votre scène ?

Le régisseur. – Pas du tout ! Je vais vous montrer comment créer la nuit au théâtre. *(Il allume une bougie.)* La nuit, c'est une bougie allumée dans une lumière tamisée… *(Il crie vers les coulisses.)*

Baisse la lumière ! *(Noir.)* J'ai dit une lumière ta-mi-sée ! *(Lumière tamisée.)* Voilà, vous avez une ambiance de nuit pour créer le mystère, le complot, le crime. Vous voyez la différence ? Et maintenant, envoie-moi un beau soleil !

La lumière revient plus forte.

PAUL X. – Un beau soleil... un beau soleil... Votre « beau » soleil est... artificiel.

LE RÉGISSEUR. – Vous ne faites guère appel à votre imagination, vous. Laissez-vous aller de temps en temps.

PAUL X, *pensif.* – Pourtant, il m'arrive souvent de rêver mes aventures...

LE RÉGISSEUR, *regardant Paul X.* – Dites, costumé comme vous l'êtes, vous jouez dans une pièce policière ?

PAUL X. – Non, non, je suis vraiment détective privé. À propos, auriez-vous aperçu les deux personnages qui ont disparu ?

LE RÉGISSEUR. – Vous savez, un personnage, ça passe et ça ne reste guère. On se souvient la plupart du temps du comédien qui l'a interprété, il n'existe que le temps des représentations...

PAUL X. – Il vit dangereusement.

LE RÉGISSEUR. – Comme vous dites. Moi, je n'aurais jamais aimé être dans la peau d'un personnage, j'aurais toujours pensé que ma vie était en sursis. Bon, excusez-moi, mais il faut que je prépare l'éclairage de l'acte III pour l'entrée de Marie. *(Il sort.)*

PAUL X. – Je commence à me demander si je vais retrouver mes deux disparus... vivants. Alors, ce régisseur, est-il suspect ou non suspect ? Telle est à la question.

Il sort.

SCÈNE 8

La reine, la suivante et Paul X

Entrée en scène de la reine et de sa suivante.
La reine. – « De quel étonnement, ô ciel, suis-je frappée !
Est-ce un songe ? Et mes yeux ne m'ont-ils pas trompée ?
(Entrée de Paul X pendant la tirade de la reine.)
Quel est ce sombre accueil, et ce discours glacé
Qui semble révoquer tout ce qui s'est passé ?
Sur quel espoir croit-il… *(Elle s'arrête et reprend.)* Sur quel espoir croit-il… Sur quel espoir croit-il… »
Zut, j'ai fait une erreur ! *(Elle crie.)* Texte ! Texte ! *(Un temps.)*
Où est donc passé le souffleur ?

Paul X. – Il paraît qu'il a un souffle au cœur. Excusez-moi, je vous écoutais et je me demandais pourquoi vous vous exprimiez aussi bizarrement, madame.

La reine. – Majesté, s'il vous plaît, ou encor' Votre Altesse.
Car l'on doit aux reines, marques de politesse.

Paul X. – Pardon, Votre Reine, je ne savais pas.

La reine. – Sachez qu'au théâtre, roi, reine et suivante
(Montrant sa suivante qui fait une révérence à Paul X.)
De l'alexandrin nous sommes les récitantes.
(Récitant sur un ton emphatique.) Tatata tatata… Tatata tatata.
(Déclamant.) « Je passais jusqu'aux lieux où l'on garde mon fils. »

Paul X, *découvrant et s'exclamant.* – C'est de la poésie !

LA REINE. – Oui. L'alexandrin est un vers de douze pieds
Qu'il nous faut déclamer sans jamais perdre pied.

PAUL X, *montrant la suivante.* – Et Mademoiselle ?

LA REINE. – C'est ma suivante et parfois ma confidente.
Elle m'écoute narrer ma vie passionnante.

Elle tourne le dos et murmure seule dans un coin de la scène.

LA SUIVANTE, *à Paul X pendant que la reine a le dos tourné.* –
Si vous saviez comme j'en ai marre d'être toujours derrière elle à
l'écouter me raconter les petits bobos de son existence ! « Oh ! je
me suis cassé un ongle ! Oh ! j'ai un cil dans l'œil ! Oh ! j'ai pris un
kilo ! » Un jour, je te la pousserai dans l'escalier du palais et je prendrai sa place. Je porterai une belle robe blanche à paillettes dorées
cintrée à la taille avec une grande ceinture bleu ciel. Et sur mes
longs cheveux blonds et bien laqués, je poserai un diadème en strass
et je jouerai dans une Superopérette. Et adieu la vieille !

La reine revient vers la suivante et Paul X.

LA REINE. – Arsinoé ! Qu'êtes-vous en train de lui dire ?
Vous n'étiez pas, dans mon dos, en train de médire ?

LA SUIVANTE. – Oh non ! Je disais que j'avais bien de la chance
D'être auprès de vous. Vous êtes ma… ma… providence.

PAUL X, *à la reine.* – Pourrais-je, Majesté, vous parler simplement
Et vous demander ce que vous faisiez céans ?

LA REINE, *l'interrompant.* – Mais, vous vous exprimez en bel
alexandrin.
Vous avez les bases pour être comédien.

Paul X. – Zut, j'ai attrapé leur tic !
(S'échauffant et déclamant sur un ton martial.)
Comédien, ne suis point ! Détective je suis !
Et mène un enquête jusqu'en ces lieux-ci.
Deux personnages ont sur scène disparu.
Jusqu'alors nul ne sait ce qu'ils sont devenus.
Pourriez-vous me dire si vous les avez vus ?
(Pour lui-même, agacé.) Voilà que ça me reprend d'alexandriner.

La reine, *avec dédain.* – Apprenez, cher monsieur, que dans la tragédie
Jamais les rois et les reines ne s'enfuient.
Ils s'entretuent ou se donnent la mort sur scène.
Ils disparaissent dans l'honneur et dans la peine.

Elle sort avec dignité.

La suivante, *à Paul X, sur un ton gouailleur.* – Salut, mec, t'as l'air bien sympa… Dis, on pourrait se retrouver tout à l'heure dans les coulisses. Histoire de causer… normal.

Voix de la reine en coulisses, *sur un ton courroucé.* – Arsinoé, venez-vous donc ? On vous attend.

La suivante. – J'arrive, Madame. Je vous suis à l'instant. *(Elle envoie rapidement un baiser à Paul X en sortant.)*

Paul X. – Si j'avais le temps, j'aurais bien suivi cette suivante. *(S'énervant.)* Ah ! mon enquête tourne en rond ! Je commence à me demander si les personnages que je cherche ont vraiment existé et si on ne me fait pas tourner en bourrique. *(Il sort.)*

SCÈNE 9

VICTOR, GUILLAUME, LUCIE et PAUL X

Entrée de Victor et Guillaume en costume de valets et Lucie en costume de soubrette. Ils sont en train de s'exciter en parlant.

VICTOR. – Tu es sûr ?

GUILLAUME. – Sûr. Je les ai entendus dire que deux personnages avaient disparu. À mon avis, ils veulent faire des économies sur la distribution.

LUCIE. – C'est incroyable ! On se présente à un casting et sans nous prévenir ils suppriment des rôles !

VICTOR. – J'espère que ce ne sont pas des personnages comiques, car c'est mon registre.

GUILLAUME. – Moi aussi, j'aime faire rire le public. C'est dans ma nature. Tu me vois dans un rôle dramatique ?

VICTOR. – Arrête, ne me fais pas rire.

LUCIE. – Je crois que l'on risque de ne pas avoir de rôle du tout. *(Entrée de Paul X. Un temps. Tous regardent Paul X. Aux deux autres :)* Dites, vous voyez ce que je vois ? Cet homme, là, vêtu d'un... imper... c'est...

LES TROIS, *tout excités*. – C'est... c'est... c'est un « imper... sario » !

LUCIE. – Il vient pour nous engager !

Les trois. – Youpi !

Victor. – Monsieur « l'impersario », je sais que c'est moi que vous recherchez !

Guillaume. – Non, c'est moi !

Lucie. – Pas du tout, c'est moi ! *(À Paul X.)* N'est-ce pas que c'est moi ?

Victor. – Je te dis qu'il m'a remarqué le premier !

Guillaume. – Allons, j'ai bien vu qu'il venait directement vers moi !

Lucie. – Pas du tout ! C'est vers moi qu'il a jeté son premier regard. Pas vrai ?

Victor. – Monsieur « l'impersario », j'ai joué un valet de chambre... froide.

Lucie. – Moi, une servante de chambre... chaude.

Guillaume. – Moi, un empereur déchu.

Lucie. – Une impératrice déçue.

Victor. – Le prince de Hombourg.

Lucie. – La princesse du Hamburger.

Guillaume. – Le neveu de Rameau.

Lucie. – La nièce de Rambo.

Guillaume. – Un homme de marbre.

Lucie. – Une dame de fer.

Victor. – Un homme de parole.

Lucie. – Une… une muette.

Victor. – Ah ! ça m'étonnerait !

Lucie. – Quoi ?

Victor. – Que tu puisses jouer une muette.

Guillaume. – Pourtant, ça nous ferait des vacances !

Les deux comédiens rient.

Lucie. – Oh ! ça va, vous deux !

Paul X. – Écoutez-moi !

Les trois, *très attentifs.* – Oui.

Paul X. – Je ne suis pas…

Victor. – … Molière.

Guillaume. – … Victor Hugo.

Lucie. – … George Sand.

Les trois. – Évidemment, on s'en doutait.

Paul X. – Je ne suis pas IMPRESARIO.

Les trois. – Pas « impersario » ? Mais qui êtes-vous donc ?

Paul X. – Je suis détective privé.

Les trois. – Détective privé !

Victor. – Si vous voulez mon avis, monsieur le détective, je suis sûr que Juliette et Roméo ne se sont pas suicidés, mais qu'ils ont été assassinés par la mafia italienne. Qu'en pensez-vous ?

Paul X. – Je ne suis pas sur cette affaire.

Guillaume. – Je crois, monsieur le détective, qu'Harpagon, vous savez, l'Avare, a placé sa fameuse cassette dans une banque suisse et qu'il a fait croire qu'on la lui avait dérobée. Qu'en pensez-vous ?

Paul X. – Je ne connais pas ce dossier.

Lucie. – Je pense, monsieur le détective, que Blanche-Neige a été empoisonnée par les sept nains. J'ai des preuves.

Paul X. – Je ne suis pas là pour traiter les affaires dont vous parlez. Je recherche deux personnages qui ont mystérieusement disparu dans ce théâtre. Les auriez-vous rencontrés ?

Victor. – Ne cherchez plus ! J'en suis un.

Guillaume. – Il ment, monsieur le détective, c'est moi. *(Sur un ton grandiloquent.)* Je suis son sang, sa sueur et ses larmes.

Lucie. – Arrête de faire le ringard. *(Sur un ton mélodramatique.)* Moi, oui, moi, monsieur le détective. J'ai créé l'un de ces rôles avec tout mon être. Il est moi et je suis lui, enfin… elle.

Paul X. – Vous êtes bien gentils, mais je sais que ce n'est pas vous. Vous êtes à la recherche d'un rôle et vous vous battriez pour l'avoir.

Victor, *grandiloquent*. – Pas du tout, monsieur. Le théâtre, c'est la solidarité !

Guillaume. – Tout à fait. Au théâtre, l'union fait notre force.

Lucie. – Je suis d'accord avec eux… *(En confidence, à Paul X.)* Mais je voudrais bien décrocher le rôle.

Voix off du régisseur. – Début de l'audition !

Les trois comédiens se précipitent et se battent.

Victor. – J'étais arrivé le premier!
Guillaume. – Non, c'est moi! Du balai!
Lucie. – Poussez-vous! J'étais là avant vous!

Ils sortent précipitamment.

Paul X. – Je crois que je vais renoncer définitivement à cette affaire, car je n'ai pas le moindre indice.

SCÈNE 10

Le Généralissime et Paul X

Entrée du Généralissime.

Le Généralissime, *s'adressant aux coulisses avec grandiloquence.* – Préférez-vous que je rase votre ville et que j'extermine sa population ou préférez-vous vous ranger sous mon aile protectrice? Répondez vite, car sachez que mon courroux est terrible! Je pourrais tous vous anéantir sans y prendre garde!

Paul X, *interrompant le Généralissime.* – Pardon, monsieur...

Le Généralissime, *furieux.* – Monsieur?! Ne sais-tu donc point, misérable pioupiou, que tu t'adresses au Généralissime qui peut, s'il le veut, t'écraser de ce doigt comme une puce?

Paul X. – Excusez-moi, je ne savais pas qui vous étiez.

Le Généralissime. – Tudieu, ne connais-tu point ma réputation?! *(Paul X ne répond pas.)* Personne ne t'a averti de ma renommée? S'ils ne t'en ont pas parlé, c'est parce qu'ils me craignent. Vois-tu, j'ai commencé ma carrière en tant que brigadier chef au théâtre. Je fus responsable de nombreux coups de théâtre… J'ai d'abord frappé les trois coups, puis les six coups… Par la suite, je fis les quatre cents coups et, après bien des combats sur scène, je parvins à ce rang de Généralissime du théâtre aux armées ou plutôt Généralissime des armées au théâtre.

Paul X. – Où sont vos troupes, mon général ?

Le Généralissime. – Mes troupes ?

Paul X. – Vos troupes… théâtrales… Votre armée. Je n'ai encore jamais vu un Généralissime sans armée.

Le Généralissime. – Mon armée, ignorant… *(Montrant son bras.)*… elle est là. Avec ce seul bras redouté par mes ennemis, j'ai mené des combats titanesques et décimé des armées entières.

Paul X. – Vous n'exagérez pas un petit peu ?

Le Généralissime. – J'exagère ? Sache que j'ai mis en ruines la Grande Muraille de Chine avec quelques baroudeurs à ma solde. L'empereur est venu me demander grâce et m'a proposé sa fille en mariage. J'ai refusé : elle avait soixante-cinq ans. *(Poursuivant.)* J'ai embrasé les forêts du Sahara.

Paul X. – Le Sahara est un… désert.

Le Généralissime. – Avant mon passage, c'était une forêt. Un Généralissime du théâtre n'a pas besoin d'armée, car il a le pouvoir sur scène. Je suis respecté pour mon titre et nul n'ose se frotter à moi. Mais, toi, qui es-tu donc ? Un jeune premier essayant de jouer les héros et qui vient me défier ? Attention, tu vas trouver à qui parler.

Paul X. – Je suis détective privé et je suis à la recherche de deux personnages qui ont disparu. En avez-vous entendu parler, mon Généralissime ? Peut-être que, dans un instant de fureur passagère, vous les avez éliminés sans même vous en rendre compte.

Le Généralissime, *réfléchissant*. – Je ne crois pas. Malgré mes terribles colères, je garde mon self-control en toute occasion...

Paul X, *montrant un endroit sur le sol derrière le Généralissime.* – Oh ! qu'elle est mignonne ! Mais ne bougez pas, vous pourriez l'écraser.

Le Généralissime, *paniquant.* – De... de quoi parlez-vous ?

Paul X. – Derrière vous. Il y a une petite souris. Elle semble vous écouter avec intérêt.

Le Généralissime, *tétanisé.* – Une sou... une sousou... une souris ! Je déteste ce genre de quadrupède... je... je préfère affronter un... un éléphant !

Il sort rapidement sans se retourner et sur la pointe des pieds.

Paul X, *ironiquement.* – Ce matamore fait preuve d'un grand courage. Je comprends que l'on ait pu trembler devant lui. À mon avis, ce n'est pas lui qui a pu faire disparaître les personnages, il est bien trop lâche.

SCÈNE 11

Tous les personnages

Deux personnages entrent en scène doucement derrière Paul X. Leurs corps sont entourés de rouleaux de papier sur lesquels sont écrits des textes.

Personnage 1. – Pst, pst... Monsieur le détective...

Paul X. – Qui m'appelle ? *(Il se retourne.)*

Personnage 1. – Nous sommes les personnages que vous recherchez. Nous nous cachons depuis ce matin.

Paul X. – Pourquoi donc ?

Les 2 personnages. – Parce qu'ils veulent nous anéantir.

Paul X. – Qui donc ?

Personnage 1. – Tous. Il faut dire qu'à cause des comédiens qui ne veulent pas nous interpréter, l'auteur a décidé de nous supprimer d'un trait de plume…

Personnage 2. – Ou plutôt de nous effacer de son ordinateur. Et la metteuse en scène ne nous a pas soutenus un seul instant. Elle a été d'accord avec les comédiens et l'auteur, prétextant que nos personnages ralentissaient l'action.

Personnage 1. – Quant à la directrice du théâtre, elle a donné son accord. Elle est bien contente de faire l'économie de deux rôles.

Personnage 2. – Cela lui évite de payer deux comédiens supplémentaires.

Personnage 1. – Ils vous ont demandé de mener cette enquête afin de nous retrouver pour pouvoir mieux nous éliminer définitivement.

Paul X. – Mais non, voyons ! Ils ont besoin de vous pour leur spectacle, puisqu'ils vous recherchent.

Personnage 2. – Ce sont des menteurs. Vous êtes au théâtre, ne l'oubliez pas, et ici c'est le règne des boniments.

Entrée des différents personnages de la pièce avec des armes (corde, scalpel, épée, bâton, poignard, etc.).

La comédienne. – Vous les avez retrouvés ? Parfait. Maintenant, laissez-les-nous et déguerpissez.

Paul X. – Que voulez-vous faire ? *(Réfléchissant et comprenant avec effroi.)* Oh non ! Vous voulez les faire disparaître à jamais ?!

La metteuse en scène. – Et alors ? Combien de personnages succombent chaque jour dans le plus pur anonymat ?

L'auteur. – Certains sont restés sur le papier et n'ont jamais vu le jour.

Diafoireuse. – D'autres ont été joués et ne réapparaissent que bien des années plus tard.

Knockine. – Ce sont en quelque sorte des fantômes qui hantent les scènes.

Le Généralissime, *s'adressant à Paul X.* – Dites, vous, n'êtes-vous pas aussi un personnage de théâtre ?

Paul X. – Pas du tout, je suis un vrai détective privé.

L'auteur. – Un vrai détective privé… au théâtre… *(Aux autres.)* Vous entendez ? *(Tous rient.)* Vous vous défendez bien mal. Allons, Paul X, vous êtes un personnage comme les autres.

Paul X. – Mais non ! Tenez, je vais vous montrer ma carte professionnelle… *(Il cherche dans ses poches.)* Où est-ce que je l'ai mise ? J'ai dû l'oublier chez moi.

L'auteur, *aux autres*. – Qu'est-ce qu'on fait de lui ?

Les autres comédiens. – Qu'il disparaisse lui aussi !

La metteuse en scène. – Ce n'est pas un rôle de premier plan.

La reine. – Et il risque d'aller répéter au-dehors ce que nous avons fait.

L'auteur, *à Paul X.* – Bien. À l'unanimité, nous décidons de vous éliminer.

Les autres comédiens. – Qu'il disparaisse! *(Ils avancent vers lui avec leur arme.)*

Paul X, *criant.* – Non!!! Attendez! Attendez! Puisque je vous dis que je suis un vrai détective, pas un personnage de théâtre!

Noir.

SCÈNE 12

Paul X, *seul en scène*

Retour chez Paul X. Il crie dans son rêve.

Paul X. – Attendez!!! Je suis un vrai détective!!! *(Il se réveille.)* C'était un cauchemar… Je commençais à douter de mon identité. *(Un temps.)* Après tout, qui suis-je? *(Un temps. Réfléchissant et souriant.)* Non, non, je ne suis pas un personnage de théâtre. Non, non, bien sûr que non. Je suis un vrai détective… *(Au public.)* Pas vrai? *(Montrant le public.)* Vous allez voir qu'ils vont me dire le contraire. *(Sonnerie de téléphone. Il sort son portable.)* Allô! Ici Paul X. Je vous écoute.

Voix off de femme. – Salut, Paul. C'est Chloé. Est-ce que ça te dirait de venir au théâtre avec moi demain soir? J'ai deux places gratuites.

Paul X. – Non, merci, Chloé. Aujourd'hui, j'ai eu ma dose. On verra une autre fois. Ciao, ciao. *(Il raccroche. Au public.)* À vrai dire, j'apprécierais bien le théâtre pourvu que j'aie le premier rôle !

Il sort sur une musique de jazz jouée au saxophone.

FIN

Cahier pédagogique

Ce dossier pédagogique propose d'aider les enseignants et animateurs d'ateliers théâtre à préparer leur mise en scène. Il s'avèrera aussi un excellent outil pour un travail approfondi et ainsi prolonger la représentation.

> A. Entretien avec l'auteur   p V
> B. Le théâtre en s'amusant   p VIII
> C. Le théâtre à l'italienne   p X
> D. Exercices de théâtre   p XII

A – ENTRETIEN AVEC L'AUTEUR, JEAN-PIERRE DURU

Art & Comédie : Dans *Disparitions sur scène*, vous conduisez votre personnage Paul X dans les coulisses du théâtre. Et vous, quelle expérience en avez-vous faite, plutôt dans la salle ou sur les planches ?

Jean-Pierre Duru : J'ai une expérience du théâtre côté scène et côté salle. J'ai suivi des cours de régisseur, puis de comédien à l'École Nationale d'Art Dramatique de la Rue Blanche à Paris à la fin des années 60 (aujourd'hui c'est l'ENSATT qui est à Lyon). C'est là que j'ai acquis le vocabulaire de la scène et que j'ai été confronté aux grands auteurs du répertoire dramatique. Puis j'ai travaillé comme régisseur. Ensuite, j'ai changé d'orientation professionnelle et je ne suis revenu au théâtre que trente ans plus tard en faisant partie d'une troupe amateur dans le sud de la France. Néanmoins, pendant toutes ces années, j'ai été un spectateur assidu de spectacles théâtraux tant professionnels qu'amateurs et j'ai écrit des pièces de théâtre tant pour les adultes que pour la jeunesse.

A&C : Comment fonctionne votre processus d'écriture ?

J.-P. D. : Je cherche d'abord un thème central, puis des situations interpersonnelles en rapport avec le thème. Mais les mots prédominent. Pour *Disparitions sur scène*, le détective recherche des personnages et non des personnes, cela a influencé la structuration de la pièce et des différentes scènes lorsque ce dernier procède aux interrogatoires des protagonistes.

« Écrire c'est reconstruire le monde, réécrire le réel, repeindre l'actualité et l'organiser selon son bon vouloir », disait un auteur. Je partage ce point de vue. En effet, je réécris le réel en fonction de ma sensibilité, de mon actualité, de mon environnement, et j'aime jouer avec les mots, les détourner de leur sens originel ; ils m'apportent des images, des idées, puis des situations, et c'est à partir des mots que je vais créer des personnages. Puis je donne un caractère à ces personnages afin qu'ils deviennent plus plausibles, et je les place dans des contextes un peu rocambolesques afin qu'il y ait une action, des relations interpersonnelles et des échanges de sentiments. Enfin, je lis la pièce à voix haute et je supprime dans le texte ce qui me paraît entraver son rythme.

A&C : Qu'est-ce qui vous a poussé à écrire cette pièce ? Quelle en est la genèse ?

J.-P. D. : J'écrivais des pièces de théâtre pour adultes et une animatrice de théâtre pour la jeunesse m'a demandé pourquoi je n'en écrirais pas pour le jeune public. Je souhaitais que mes pièces pour la jeunesse soient interprétées par des jeunes faisant partie d'un atelier théâtre ou d'une classe scolaire. Je me suis donc demandé quel type de personnage pourrait intéresser les jeunes. Je me suis dit qu'ils regardaient beaucoup de séries policières à la télévision et qu'un personnage de détective (auquel il arrive des aventures hors du commun) pourrait être intéressant. Je l'imaginais menant des enquêtes dans un monde imaginaire qui ait des liens avec la réalité. L'animatrice d'atelier théâtre pour la jeunesse m'a proposé de situer mon personnage de détective dans les coulisses d'un théâtre afin d'initier les jeunes au langage de la scène et au monde du théâtre. Je me suis donc mis au travail à partir de cette demande...

A&C : On retrouve le personnage de Paul X dans plusieurs de vos pièces. Qui est-il ?

J.-P. D. : Paul X est un détective rêveur, timide, candide et farfelu qui est confronté à des situations abracadabrantes et des personnages cocasses – il faut dire que ses enquêtes se réalisent pendant ses rêves. Néanmoins, il mène sa démarche d'investigation avec logique, comme tout détective, dans des situations pourtant déraisonnables. Il essaie toujours de régler les problèmes auxquels il se trouve confronté dans un monde onirique, par bien des aspects semblable au nôtre, en restant serein, en utilisant parfois la ruse pour arriver à ses fins, en jouant le faux innocent et en évitant toute violence. Il conduit le spectateur à découvrir en même temps que lui les situations et les personnages pour lui faire partager son étonnement.

A&C : La pièce a-t-elle déjà été créée ?

J.-P. D. : Elle a été jouée treize fois ces trois dernières années et la première fois en… Moldavie par des élèves moldaves dirigés par leur professeur de français.

Site de l'auteur : www.theatre-duru.fr

B – LE THÉÂTRE EN S'AMUSANT

Disparitions sur scène est une immersion dans les coulisses et l'histoire du théâtre. On y croise d'ailleurs plein de personnages directement sortis des pièces du répertoire. **Sauras-tu reconnaître leurs auteurs et les pièces auxquels ils appartiennent ?**

Docteur Diafoirus ●   ● *Le Misanthrope*   ●

Docteur Knock   ●   ● *L'Avare*   ●   ● Jules Romains

Arsinoé   ●   ● *L'Illusion comique*   ●   ● Molière

Harpagon   ●   ● *Le Triomphe de la médecine* ●   ● Corneille

Géronte   ●   ● *Le Malade imaginaire*   ●

Réponses : 1 : Docteur Diafoirus, *Le Malade imaginaire*, Molière. 2 : Docteur Knock, *Le Triomphe de la médecine*, Jules Romains. 3 : Arsinoé, *Le Misanthrope*, Molière. 4 : Harpagon, *L'Avare*, Molière. 5 : Géronte, *L'Illusion comique*, Corneille.

Place les pièces et leurs auteurs sur la frise chronologique.

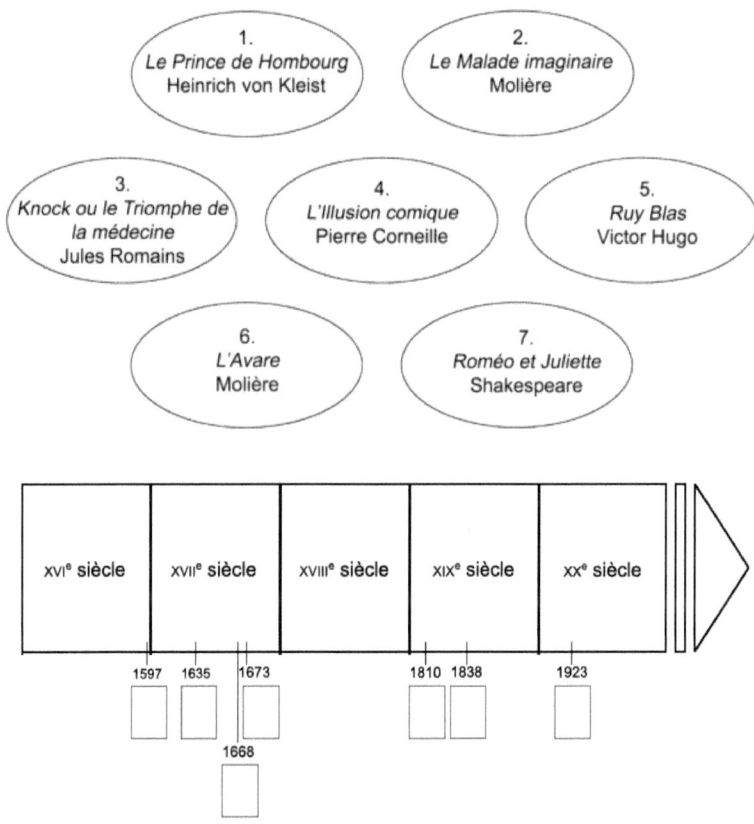

Réponses : *Roméo et Juliette* (7), Shakespeare, 1597. *L'Illusion comique* (4), Pierre Corneille, 1635. *L'Avare* (6), Molière, 1668. *Le Malade imaginaire* (2), Molière, 1673. *Le prince de Hombourg* (1), Heinrich von Kleist, 1810. *Ruy Blas* (5), Victor Hugo, 1838. *Knock ou le Triomphe de la médecine* (3), Jules Romains, 1923.

C – LE THÉÂTRE À L'ITALIENNE

A la fin du XVIe siècle, les Italiens repensent l'architecture du théâtre pour permettre une meilleure diffusion du jeu et des sons. La salle est en forme de U, permettant aux spectateurs de se tenir assis face à la scène qui est surélevée au centre de la « Cage de Scène » qui contient les décors et la machinerie.

Cette forme s'imposera en France dès le XVIIe siècle avec le théâtre du Petit Bourbon (tenu par des Italiens) puis le théâtre du Palais-Royal. Elle remplacera définitivement les salles rectangulaires et longues qui étaient des Jeux de Paume aménagés.

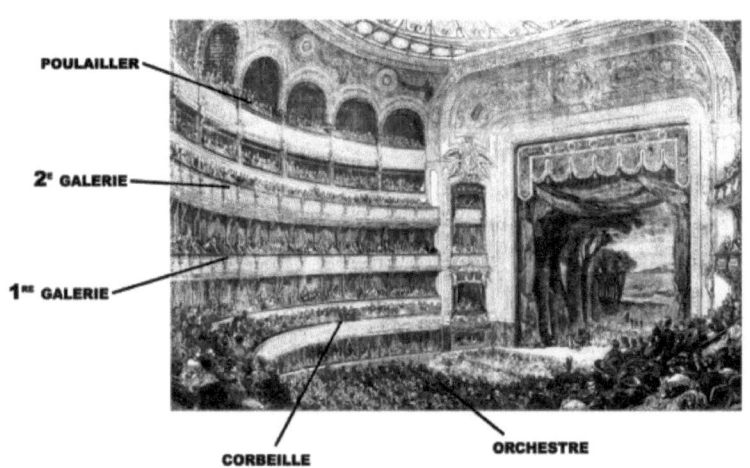

Au septième rang de l'orchestre, se trouve un fauteuil appelé l'œil du prince. C'est le meilleur endroit d'où l'on peut voir le spectacle. C'est aussi ici que le metteur en scène installe son pupitre, pour surveiller les répétitions.

Le plateau est le lieu où se déroule le spectacle. La scène n'est qu'une petite partie du plateau, qui comprend aussi les coulisses. Au-dessous de la scène, se situent les « dessous » qui comprennent la machinerie théâtrale ; au-dessus se situent les cintres et le gril, où se trouve le matériel d'éclairage. Parfois, les rideaux qui entourent la scène sont peints sur une structure qui l'encadre et que l'on appelle le manteau d'arlequin.

D – EXERCICES DE THÉÂTRE

Maîtriser sa respiration
Objectif : détente, prise de conscience de son corps.
Les pieds bien plantés dans le sol, les enfants se tiennent avec le dos droit, les épaules et la nuque relâchées. Afin de favoriser la concentration, ils gardent les yeux ouverts, le regard fixe droit devant eux. Leurs mains sont posées sur le ventre, au niveau du nombril. Les enfants vont inspirer et expirer profondément et lentement. Afin de bien visualiser le trajet de l'air dans tout leur corps, les enfants peuvent l'imaginer d'une couleur tendre et apaisante. Après quelques fois, on peut reprendre l'exercice en l'accompagnant du son « hmm ».

Être à l'aise face au groupe
Objectif : préparation au travail sur son personnage et au travail sur les émotions.
Le groupe est assis face à l'espace de jeu. L'un après l'autre, chaque enfant passe devant le groupe : pendant au moins 2 minutes, il devra rester immobile et silencieux. Cet exercice constitue la première étape pour faire face au public. Les enfants vont devoir se débarrasser de leurs attitudes, de leur nervosité que ce soient des gestes parasites ou des rires. Ils pourront ainsi ouvrir la porte à leur personnage, se rendre disponibles à l'émotion. Cet exercice n'est pas anodin et l'animateur doit être très attentif aux réactions des enfants qui peuvent être déstabilisés par leur solitude face au groupe.

Les clowns
Objectif : travail sur l'observation, la complicité et le geste.
Les enfants se tiennent deux par deux. L'animateur désigne qui sera l'auguste et qui le contre-pitre. Les enfants se déplacent sur

l'espace de jeu. Au signal de l'animateur, tous s'arrêtent ; les duos doivent trouver un contact visuel. L'animateur lance alors « tous les augustes marchent », les contre-pitres devront imiter la démarche de leur partenaire. Au signal suivant, les rôles s'inversent.

La voix
Objectif : travail sur la musicalité, le rythme et la diction.
Les enfants se tiennent en cercle, en tailleur, les mains sur les genoux, paumes vers le ciel. Chaque enfant tient sa main gauche sous la main droite de son voisin. Tout le monde entonne en chœur la comptine « Un éléphant qui se balançait » ; en rythme, les enfants viennent taper leur main droite dans la main droite de leur voisin. Après avoir chanté la chanson avec les paroles, on recommence en remplaçant toutes les voyelles par les sons suivants : [a], [ɛ], [e], [y], [ɔ], [o], [u], [i].
En plus d'être très amusant, cet exercice fait travailler les zygomatiques et la diction.

Mémoriser son texte
Avant de commencer l'exercice, l'animateur aura copié les phrases d'une scène ou d'un texte court sur de petits papiers. Après les avoir mélangés dans un chapeau, chaque enfant tire au sort une phrase. L'animateur laisse aux enfants quelques minutes pour mémoriser leur phrase, puis lit la scène dans son intégralité. Les enfants doivent ensuite prendre la parole, l'un après l'autre, pour reproduire la scène dans l'ordre. On peut ensuite corser l'exercice en demandant aux enfants de mémoriser plusieurs phrases qui ne se suivent pas dans la scène.

AVIS IMPORTANT

Cette pièce de théâtre fait partie du répertoire de la Société des Auteurs et Compositeurs Dramatiques, 11 bis rue Ballu 75442 PARIS Cedex 09. Tél. : 01 40 23 44 44. Elle ne peut donc être jouée sans l'autorisation de cette société.

Nous conseillons d'en faire la demande avant de commencer les répétitions.

ATTENTION

Aux termes du Code de la propriété intellectuelle, toute reproduction ou représentation, intégrale ou partielle de la présente publication, faite par quelque procédé que ce soit (reprographie, microfilmage, scannérisation, numérisation...) sans le consentement de l'éditeur est illicite (article L. 122-4 du Code de la propriété intellectuelle) et constitue une contrefaçon sanctionnée par les articles L. 335-2 et suivants du même Code.

4ᵉ trimestre 2018
1ʳᵉ édition, dépôt légal : avril 2015
N° d'édition : 201531
ISBN : 978-2-84422-997-7